LA
PRÁCTICA
DE LA
PRESENCIA
DE
DIOS

HERMANO LAWRENCE

LA PRÁCTICA DE LA PRESENCIA DE DIOS

W

WHITAKER
HOUSE
Español

Nota del editor: Este libro ha sido editado para dirigirlo al lector moderno. Palabras, expresiones, y estructuras gramaticales han sido actualizadas para conseguir mayor claridad y legibilidad.

Traducción al español realizada por:
Belmonte Traductores
www.belmontetraductores.com

Editado por: Ofelia Pérez

La práctica de la presencia de Dios

Publicado originalmente en inglés bajo el título:
The Practice of the Presence of God

ISBN: 979-8-88769-143-5
eBook ISBN: 979-8-88769-142-8
Impreso en los Estados Unidos de América.

Whitaker House
1030 Hunt Valley Circle
New Kensington, PA 15068
www.espanolwh.com

Por favor, envíe sugerencias sobre este libro a: comentarios@whitakerhouse.com.

1 2 3 4 5 6 7 8 9 10 11 🅦 31 30 29 28 27 26 25 24

ÍNDICE

TERCERA PARTE: MÁXIMAS ESPIRITUALES

CUARTA PARTE: LA VIDA DEL HERMANO LAWRENCE

PREFACIO

La práctica de la presencia de Dios es una colección de las perspectivas espirituales del Hermano Lawrence acerca del corazón de Dios, tal como se revelan mediante sus cartas, sus conversaciones, y su vida misma. Escrito hace más de trescientos años, este mensaje es relevante para todo cristiano que está enredado en el ajetreo del mundo actual.

Cada sección, ya sea manuscrita del autor o escrita por su buen amigo Joseph de Beaufort, revela los secretos íntimos del corazón del Hermano Lawrence, un corazón que había aprendido el ingrediente más esencial de la vida cristiana: cómo permanecer en la presencia de Dios.

En esta edición abreviada, hemos pretendido actualizar y esclarecer el lenguaje de este clásico cristiano, parafraseando donde fuera necesario a la vez que manteníamos intacta la esencia del mensaje.

Confiamos en que el esfuerzo de toda una vida del Hermano Lawrence para permanecer por completo en la presencia de Dios se convertirá en una práctica continua para todos los que lean este libro.

—El editor

Primera parte

CONVERSACIONES

PRIMERA CONVERSACIÓN

Hoy conocí por primera vez al Hermano Lawrence. Me dijo que Dios había sido especialmente bueno con él en su conversión. Él tenía dieciocho años en aquel momento, y seguía inmerso en el mundo. Me dijo que todo había sucedido un día de invierno mientras estaba mirando un árbol sin hojas. Aunque las hojas del árbol ya no estaban ahí, él supo que pronto volverían a aparecer, seguidas de los brotes y después del fruto. Eso le produjo una profunda impresión de la providencia y el poder de Dios, que nunca lo abandonó. El Hermano Lawrence todavía mantiene que esa impresión lo apartó totalmente del mundo y le dio un amor tal por Dios, que no ha cambiado en los cuarenta años que ha estado caminando con Él.

El Hermano Lawrence había sido anteriormente sirviente del tesorero del monasterio, y había sido muy torpe. Creía que, a fin de ser salvo, tendría que ser castigado por su torpeza. Por lo tanto, entregó a Dios en sacrificio todos los placeres en su vida. Sin embargo, en lugar de castigarlo, Dios no le dio otra cosa sino una satisfacción sincera. Le decía al Señor con sinceridad y con frecuencia que se sentía engañado, porque su caminar cristiano había sido hasta ese momento muy agradable y no había estado lleno de sufrimiento, tal como él esperaba.

El Hermano Lawrence insistía en que, para ser consciente constantemente de la presencia de Dios, es necesario formar el hábito de conversar continuamente con Él a lo largo de cada día. Pensar que debemos abandonar la conversación con Él para lidiar con el mundo es erróneo. En cambio, a medida que alimentamos nuestra alma contemplando a Dios en su exaltación, obtendremos una gran alegría porque somos de Él.

Otra cosa que mencionaba era que nuestra fe es demasiado débil. En lugar de dejar que la fe gobierne nuestra vida, somos guiados por nuestras oraciones cotidianas breves y mecánicas, que siempre están cambiando. El único camino de la Iglesia hacia la perfección de Cristo es la fe.

El amado hermano subrayó que debemos entregarnos totalmente a Dios en los asuntos tanto temporales como espirituales. Nuestra única felicidad debería provenir de hacer la voluntad de Dios, ya sea que nos cause cierto dolor o un gran agrado. Después de todo, si estamos dedicados verdaderamente a hacer la voluntad de Dios, el dolor y el placer no marcarán ninguna diferencia para nosotros.

También necesitamos ser fieles, incluso en los periodos de sequedad. Durante esos periodos secos es cuando Dios prueba nuestro amor por Él. Deberíamos aprovechar esos tiempos para practicar nuestra determinación y nuestra entrega a Él. Eso nos llevará con frecuencia a una mayor madurez en nuestro caminar con Dios.

Al Hermano Lawrence no le sorprendía la cantidad de pecado y de infelicidad que hay en el mundo. Más bien se preguntaba por qué no había más, considerando los extremos hasta los cuales es capaz de llegar el enemigo. Dijo que él oraba al respecto, pero como sabía que Dios podía rectificar la situación en un instante si así lo quería, no se permitía a sí mismo llegar a estar preocupado en exceso.

Para lograr entregarnos a Dios tanto como Él desea, debemos guardar nuestra alma constantemente. Además de participar en asuntos espirituales, el alma participa también en las cosas de este mundo; sin embargo, cuando damos la espalda a Dios, exponiendo nuestra alma al mundo, Él no responderá nuestro clamor tan fácilmente. Cuando estamos dispuestos a aceptar la ayuda de Dios y a guardar nuestra alma en consonancia con sus deseos, podemos tener comunión con Él siempre que queramos.

SEGUNDA CONVERSACIÓN

El Hermano Lawrence decía que él siempre era guiado por el amor. Nunca era influenciado por cualquier otro interés, incluyendo pensar si era salvo o no. Estaba contento con realizar la tarea más mínima si podía hacerla puramente por el amor de Dios. Incluso se encontraba bastante acaudalado, lo cual atribuía al hecho de que buscaba solamente a Dios y no sus regalos. Creía que Dios es mucho más grande que cualquiera de los regalos sencillos que nos da. En lugar de desearlos de Él, escogía mirar más allá de los regalos, esperando aprender más acerca de Dios mismo. En ocasiones, incluso deseaba haber podido evitar recibir su recompensa para así tener el placer de hacer algo únicamente por Dios.

Durante algunos años, el Hermano Lawrence había estado bastante inquieto porque no tenía la seguridad de ser salvo.

Aun así, mantuvo la actitud de haberse convertido en cristiano porque amaba al Señor, y por eso continuaría amándolo, ya sea que tuviera seguridad de su salvación o no. De ese modo, al menos tendría el placer terrenal de hacer todo lo que pudiera por el amor de Dios. (Más adelante, esta incertidumbre acerca de su relación con Dios se alejó del Hermano Lawrence).

Después de eso, no daba vueltas a pensamientos del cielo o el infierno. Su vida estaba llena de libertad y regocijo. Al elevar todos sus pecados a Dios, intentó mostrarle cuán poco merecedor era él de su gracia, pero el Señor continuó bendiciéndolo. Algunas veces, Dios incluso tomó a nuestro hermano de la mano y lo llevó ante la corte celestial, para colmar a su siervo a quien le agradó honrar.

Al principio, el Hermano Lawrence declaró que fue necesario un poco de esfuerzo para formar el hábito de conversar continuamente con Dios, diciéndole todo lo que estaba sucediendo; sin embargo, tras un poco de práctica atenta, el amor de Dios lo renovó, y todo ello se volvió bastante fácil.

Siempre que pensaba en hacer alguna buena obra, consultaba a Dios al respecto, diciendo: "Señor, nunca podré hacer eso si tú no me ayudas". De inmediato, recibía fuerzas más que suficientes.

Cuando pecaba, lo confesaba a Dios con estas palabras: "No puedo hacer nada mejor sin ti. Por favor, guárdame de caer, y corrige los errores que cometo". Después de hacer eso, no se sentía culpable con respecto al pecado.

El Hermano Lawrence destacó que conversaba con Dios de modo muy sencillo y sincero. Pedía ayuda con cosas a medida que lo necesitaba, y su experiencia había sido que Dios siempre le respondió.

Recientemente, le pidieron al Hermano Lawrence que fuera a Borgoña para comprar provisiones para el monasterio. Esa tarea era difícil para él porque, en primer lugar, no tenía cabeza para los negocios y, en segundo lugar, era cojo de una pierna y no podía caminar por el barco sin tropezar con los barriles de la carga y caerse. Sin embargo, ni su torpeza ni la tarea en general le causaron ninguna angustia. Simplemente le dijo a Dios que era asunto de Él, después de lo cual comprobó que todo salió muy bien.

Las cosas discurrían del mismo modo en la cocina del monasterio, donde él trabajaba. Aunque antes le desagradaba mucho el trabajo de cocina, desarrolló bastante facilidad para realizarlo a lo largo de los quince años que estuvo allí. Él atribuía eso a que lo hacía todo por el amor de Dios, pidiendo gracia tan frecuentemente como fuera posible para realizar su trabajo. Dijo que en el presente estaba en el taller de reparación de calzado, y que le gustaba mucho; sin embargo, estaba dispuesto a trabajar en cualquier lugar, gozándose siempre por poder hacer pequeñas cosas por el amor de Dios.

El Hermano Lawrence era consciente de sus pecados, y no lo agarraban por sorpresa. "Esa es mi naturaleza", decía, "lo único que sé cómo hacer". Simplemente confesaba sus pecados a Dios sin ruegos y sin poner excusas. Después de hacerlo, podía regresar en paz a su actividad regular de amor y adoración. Si el Hermano Lawrence no pecaba, le daba gracias a Dios por ello, porque solamente la gracia de Dios podía guardarlo de pecar.

Cuando había algo que lo inquietaba, en raras ocasiones consultaba con alguien al respecto. Sabiendo que solamente Dios estaba presente, caminaba a la luz de la fe y estaba contento con perderse a sí mismo en el amor de Dios a pesar de lo que sucediera. En ese lugar, en el amor de Dios, se encontraba de nuevo a sí mismo.

Subrayaba que pensar lo arruinaba todo con frecuencia, y que la maldad normalmente comienza con nuestros propios pensamientos. Según la opinión del Hermano Lawrence, deberíamos rechazar cualquier pensamiento que nos distraiga de servir al Señor o que socave nuestra salvación. Liberar la mente de tales pensamientos permite mantener una conversación cómoda con Dios, pero el Hermano Lawrence añadía que eso no es siempre fácil. Cuando fue salvo por primera vez, con frecuencia había empleado todo su tiempo de oración rechazando distracciones para después volver a caer en ellas de inmediato.

Decía que debería establecerse una clara distinción entre los actos del intelecto y los de la voluntad. Los primeros tienen poca importancia, mientras que los segundos lo significan todo. Lo único que tenemos que hacer en realidad es amar a Dios y gozarnos en Él.

Declaró que todas las buenas obras posibles o actos de humillación y contrición que posiblemente pudiéramos realizar no borrarían ni un solo pecado. De hecho, Dios a menudo escoge a quienes han sido los mayores pecadores para recibir su mayor gracia, porque eso puede revelar su bondad de modo más drástico.

Solo la sangre de Jesucristo puede limpiarnos de pecado. Por esa razón, deberíamos esforzarnos por amarlo a Él con todo nuestro corazón.

El Hermano Lawrence decía que él se concentraba en hacer pequeñas cosas para Dios, ya que era incapaz de hacer cosas más grandes. Después de todo, podría sucederle cualquier cosa que el Señor deseara, y no estaría preocupado al respecto; por lo tanto, nada lo afanaba, y no le pedía a Dios otra cosa sino que fuera capaz de no ofenderlo.

TERCERA CONVERSACIÓN

El Hermano Lawrence me confió que el fundamento de su vida espiritual era la fe que le reveló la posición exaltada de Dios. Cuando eso quedó bien asegurado en las profundidades de su corazón, fácilmente fue capaz de realizar todas sus acciones por el amor de Dios. Entendió verdaderamente que su fe sólida en Dios le daba un gran honor a Él, y le daba al Señor una puerta abierta para responder sus oraciones y derramar sobre él bendiciones.

Decía que, si alguien se entrega totalmente a Dios, decidiendo hacer cualquier cosa por Él, el Señor protegerá a esa persona del engaño, y tampoco permitirá que tal persona sufra por mucho tiempo mediante las pruebas, sino que le dará una vía de escape para que pueda resistir (Ver 1 Corintios 10:13).

La meta sincera del Hermano Lawrence era no pensar en ninguna otra cosa excepto en Dios. Si permitía que pasara algún tiempo sin pensar en Él, no se molestaba al respecto. Cuando confesaba a Dios su debilidad, regresaba a Él con más confianza y alegría porque había comprobado que era muy infeliz apartado de la presencia de Dios. Si sentía algún pensamiento inadecuado, o que se generaba alguna tentación, no entraba en pánico ni se sentía indefenso para resistirlo. Eso se debía a que su experiencia pasada de la fiel ayuda de Dios le permitió esperar hasta que llegara el momento apropiado para su represión. Cuando llegaba ese momento, él se dirigía a Dios, y los malos pensamientos se desvanecían al instante.

Debido a esa misma confianza en el cuidado de Dios, cuando el Hermano Lawrence tenía algunos asuntos que atender en el exterior, nunca se preocupaba por ello con antelación. Más bien, descubría que Dios le daba un cuadro tan claro como una imagen en un espejo exactamente de qué hacer en el momento adecuado. Había actuado de ese modo por bastante tiempo, sin preocuparse por algo con antelación. Antes de haber experimentado la rápida ayuda de Dios en sus asuntos, había intentado planear cada detalle, haciendo el trabajo en sus propias fuerzas. Ahora, sin embargo, al actuar con la simplicidad de un niño ante los ojos de Dios, hacía todo por el amor de Dios, dándole gracias por su guía y dirección. Todo lo que hacía se producía con calma, de un modo que le permitía estar cerca de la presencia amorosa de Dios.

Cuando algún negocio exterior lo desviaba innecesariamente de su comunicación con Dios, llegaba un pequeño recordatorio de parte del Señor que se apoderaba de su alma, inundándola de la imagen de Dios. En ocasiones, eso hacía que se prendiera hasta el punto de sentir un gran impulso de gritar alabanzas, cantar y danzar delante del Señor con alegría.

El Hermano Lawrence declaraba que se sentía mucho más cerca de Dios en sus actividades diarias de lo que la mayoría de las personas creían que fuera posible.

La peor prueba que él podía imaginar era perder su sensación de la presencia de Dios, que había estado con él por tanto tiempo. Sin embargo, su confianza en la bondad de Dios le daba la seguridad de que Él nunca lo abandonaría por completo. En caso de que enfrentara una gran dificultad en su vida, sabía que el Señor le daría las fuerzas que necesitara para resistir.

Con esa seguridad, el Hermano Lawrence no tenía miedo a nada. Añadía que no tenía miedo a morir al yo o perderse en Cristo, porque la entrega completa a la voluntad de Dios es el único camino seguro para seguir. En él, siempre hay luz suficiente para tener por cierto un viaje seguro.

Al principio siempre es necesario ser fiel, tanto en actos como en la renuncia al yo. Después de eso, solamente hay un gozo indescriptible. Si surgen dificultades, simplemente hay que acudir a Jesucristo y orar por su gracia, con la cual todo será más fácil.

Nuestro hermano subrayaba que algunas personas llegan solamente tan lejos como los llevan sus devociones regulares, deteniéndose ahí y descuidando el amor, que es el propósito de esas devociones. Eso podía verse fácilmente en sus acciones, y explicaba por qué poseían una virtud sólida tan pequeña.

Ni la habilidad ni el conocimiento son necesarios para acudir a Dios, añadía él. Lo único necesario es un corazón dedicado por completo y únicamente a Dios, por amor a Él por encima de todos los demás.

CUARTA CONVERSACIÓN

Hoy, el Hermano Lawrence me habló bastante abiertamente y con gran entusiasmo acerca de su manera de acudir a Dios. Dijo que la parte más importante reside en renunciar, de una vez por todas, a cualquier cosa que no conduzca a Dios. Eso nos permite llegar a participar en una conversación continua con Él de manera sencilla y sin obstáculos.

Lo único que tenemos que hacer es reconocer que Dios está íntimamente presente en nuestro interior. Entonces, podemos hablar directamente con Él cada vez que necesitamos pedirle ayuda, conocer su voluntad en momentos de incertidumbre, y hacer lo que Él quiera que hagamos del modo que le agrade. Deberíamos ofrecer nuestro trabajo a Dios antes de comenzar, y darle gracias después por el privilegio de haberlo hecho por su causa. Esta conversación continua también debería incluir alabanza y amar a Dios incesantemente por su bondad y su perfección infinitas.

El Hermano Lawrence declaró que debiéramos pedir con confianza la gracia de Dios en todo lo que hacemos, confiando en los méritos infinitos de nuestro Señor en lugar de confiar en nuestros propios pensamientos. Dijo que Dios siempre nos da su gracia, y que él podía dar testimonio de eso personalmente. Este hermano en el Señor pecaba solamente cuando se desviaba de la compañía de Dios o cuando olvidaba pedirle su ayuda.

Cuando tengamos dudas, siguió diciendo, Dios siempre nos muestra la senda correcta por la que transitar, siempre que nuestra única meta sea agradarlo a Él y mostrar nuestro amor por Él.

Pensaba que era una vergüenza que algunas personas siguieran ciertas actividades (las cuales, observó, eran lo bastante imperfectas debido a los defectos humanos), confundiendo el fin con los medios. Dijo que nuestra santificación no depende tanto de cambiar nuestras actividades, sino más bien de realizarlas para Dios en lugar de para nosotros mismos.

El modo más eficaz que tenía el Hermano Lawrence para comunicarse con Dios era simplemente realizar su trabajo ordinario. Lo hacía con obediencia, por un puro amor por Dios, purificándolo tanto como fuera humanamente posible. Creía que era un grave error pensar que nuestro tiempo de oración era diferente a cualquier otro momento. Nuestros actos deberían unirnos con Dios cuando llevamos a cabo nuestras actividades diarias, al igual que nuestras oraciones nos unen con Él en nuestra devoción callada.

Decía que sus oraciones consistían simple y totalmente en la presencia de Dios. Su alma descansaba en Dios, al haber perdido su consciencia de todo lo demás excepto el amor a Él. Cuando no estaba en oración, se sentía prácticamente del mismo modo. Manteniéndose cerca de Dios, lo alababa y bendecía con todas sus fuerzas. Debido a eso, su vida estaba llena de un gozo continuo.

El Hermano Lawrence dijo que debemos confiar en Dios y entregarnos por completo a Él, pues Él no nos engañará. No debemos cansarnos nunca de hacer las cosas incluso más pequeñas para Dios, porque Él no se impresiona tanto por las dimensiones de nuestro trabajo como por el amor con el que lo hacemos. No deberíamos desalentarnos si fallamos al inicio. Esta práctica finalmente hará que nuestros esfuerzos se conviertan en un hábito agradable que podamos hacer sin pensar.

Decía que, a fin de estar seguros de estar haciendo la voluntad de Dios, simplemente deberíamos desarrollar una actitud de fe, esperanza y amor. No tenemos que preocuparnos por ninguna otra cosa. Simplemente no es importante, y solamente debería considerarse como el medio para llegar a la meta final de estar completamente perdidos en el amor de Dios. Deberíamos desear amarlo a Él tan perfectamente como podamos, en esta vida al igual que en la eternidad.

Muchas cosas son posibles para la persona que tiene esperanza, y más posibles incluso para la persona que tiene fe. Es posible todavía más para la persona que sabe cómo amar, pero todo es posible para la persona que practica estas tres virtudes.

El Hermano Lawrence añadió que, cuando iniciamos nuestro caminar cristiano, debemos recordar que hemos estado viviendo en el mundo, sujetos a todo tipo de angustias, accidentes y malas disposiciones en nuestro interior. El Señor nos limpiará y nos humillará a fin de hacernos más semejantes a Cristo. Cuando atravesemos este proceso de limpieza, nos acercaremos más a Dios.

Por lo tanto, deberíamos gozarnos en nuestras dificultades, soportándolas mientras el Señor lo desee, porque solamente mediante tales pruebas nuestra fe, que es mucho más preciosa que el oro, será purificada (Ver 1 Pedro 1:7; 4:19).

Segunda parte

CARTAS

PRIMERA CARTA

*A*preciado amigo,

Me gustaría aprovechar esta ocasión para informarte de los pensamientos de uno de nuestros hermanos con respecto a los maravillosos resultados y la ayuda continua que recibe de la presencia de Dios. Ambos podríamos beneficiarnos de ello. [Se cree que el Hermano Lawrence se refería a sí mismo en lo siguiente. Su humildad evitó que lo dijera].

Por más de cuarenta años, la tarea principal de este hermano ha sido mantenerse tan cerca de Dios como sea posible, sin hacer, decir y pensar nada que pudiera ser desagradable a Él. No tiene ninguna razón para hacerlo, excepto para mostrar su gratitud por el puro amor de Dios y porque Dios merece infinitamente más que eso de todos modos.

Este hermano se ha acostumbrado tanto a la presencia divina de Dios que se apoya en ella para recibir ayuda en todo tipo de ocasiones. Su alma ha estado llena de un gozo interior constante que algunas veces es tan abrumador, que se siente impulsado a hacer lo que pueden parecer cosas infantiles, a fin de evitar que esa sensación se vuelva demasiado intensa.

Si alguna vez se aleja de esta presencia divina, Dios lo llama inmediatamente comunicándose con él por medio del Espíritu Santo. Eso le sucede con frecuencia cuando está más ocupado con su trabajo. Él responde fielmente al llamado de Dios, ya sea ofreciendo su corazón a Dios mediante una mirada tierna y amorosa, o mediante algunas palabras de afecto como: "Dios mío, soy todo tuyo; haz lo que quieras conmigo". Entonces, es casi como si este Dios de amor regresara a su alma para volver a descansar, satisfecho con esas pocas palabras. Experimentar estas cosas hace que este hermano tenga la seguridad, más allá de toda duda, de que Dios está siempre en la profundidad de su alma, sin importar lo que haga o lo que le suceda.

Imagina qué contentamiento y satisfacción disfruta, ¡poseyendo un tesoro siempre presente! No está ansioso por encontrarlo, y no le preocupa dónde buscarlo, porque ya lo han encontrado y puede tomar de él lo que quiera.

A menudo llama ciegos a los hombres, quejándose de que se contenten con tan poco. Dios tiene tesoros infinitos para darnos, dice él. ¿Por qué deberíamos estar satisfechos con un breve momento de adoración? Con una devoción tan escasa, obstaculizamos el fluir de la gracia abundante de Dios. Si Dios puede encontrar un alma llena de una fe enérgica, derrama su gracia sobre ella como un torrente que, al haber encontrado un canal abierto, brota de manera exuberante.

A menudo detenemos ese torrente por nuestra falta de respeto hacia Él; sin embargo, no debemos refrenarnos por más tiempo. Acudamos a nuestro propio corazón, apreciado amigo, derribando el dique, abriendo camino para la gracia, ¡y compensando el tiempo perdido! Tú y yo nos hemos conocido por años. Tal vez nos quede poco tiempo de vida. La muerte siempre está cerca, de modo que estemos preparados porque morimos solamente una vez.

Una vez más, examinemos nuestro yo interior. El tiempo nos apremia, y cada uno de nosotros debe ser responsable de sí mismo. Creo que tú te habrás preparado adecuadamente, de modo que no te tomará por sorpresa. Te respeto por eso; después de todo, nos corresponde a nosotros estar tan abiertos a la gracia de Dios como sea posible. Sin embargo, debemos caminar continuamente en el Espíritu de Dios, ya que en la vida del Espíritu no avanzar es retroceder.

Quienes tienen el viento del Espíritu Santo en sus almas avanzan planeando incluso mientras duermen. Si el canal de nuestra alma sigue siendo movido por vientos o tormentas, deberíamos despertar al Señor que ha estado descansando con nosotros todo el tiempo, y calmará el mar rápidamente.

Me he tomado la libertad, mi apreciado amigo, de decirte todo esto para que puedas volver a examinar tu propia relación con Dios. Si por algún medio (y es mi oración que no sea el caso) se ha enfriado aunque sea tan solo un poco, tal vez la actitud de nuestro hermano volverá a avivarla y prenderla. ¿Recuerdas nuestro primer entusiasmo y amor por Dios? Ambos podemos recordarlo mediante el ejemplo de este hermano. Él no es muy conocido en términos terrenales, pero ante Dios es tiernamente amado y cuidado. Oremos sinceramente el uno por el otro para recibir esta gracia para nosotros mismos.

SEGUNDA CARTA

Apreciado amigo,

Hoy recibí dos libros y una carta de una amiga mutua que se está preparando para entregar su vida entera en servicio al Señor. Ella nos ha pedido a ambos nuestras oraciones mientras toma la firme resolución de vivir su vida para Él.

Te envío uno de los libros, que habla sobre la importancia de la presencia de Dios, para que sepas que está cerca de mi corazón.

Sigo creyendo que toda la vida espiritual consiste en la práctica de la presencia de Dios, y que cualquiera que la practique correctamente obtendrá pronto la satisfacción espiritual.

Para lograr eso, es necesario que el corazón esté vacío de todo lo que ofendería a Dios. Él quiere adueñarse de nuestros corazones por completo. Antes de que pueda realizarse cualquier obra en nuestras almas, Dios tiene que tener el control absoluto.

No hay modo más dulce de vivir en el mundo que mediante la comunión continua con Dios. Solo quienes la han experimentado pueden entenderlo; sin embargo, no te aconsejo que la practiques con el único propósito de obtener consuelo para tus problemas. Más bien, búscala porque Dios así lo quiere y por amor por Él.

Si yo fuera predicador, no predicaría otra cosa sino la práctica de la presencia de Dios. Si yo fuera responsable de guiar a las almas en la dirección correcta, instaría a todo el mundo a ser consciente de la presencia constante de Dios, aunque no fuera por otro motivo más que su presencia es un deleite para nuestra alma y espíritu.

Sin embargo, también es necesario. Si supiéramos cuánto necesitamos la gracia de Dios, nunca perderíamos el contacto con Él. Créeme. Haz el compromiso de no alejarte nunca de Él deliberadamente, de vivir el resto de tu vida en su sagrada presencia. No lo hagas con la expectativa de recibir consuelos celestiales; hazlo simplemente por amor a Él.

¡Ponte a la tarea! Si lo haces correctamente, pronto verás los resultados. Yo te apoyaré con mis oraciones. Por favor, acuérdate de mí en tus oraciones también, y en las oraciones de tu iglesia.

TERCERA CARTA

*A*preciado amigo,

Me sorprende que no me hayas comunicado tu opinión sobre el libro que te envié. Ya debes haberlo recibido. Practícalo enérgicamente, incluso en tu ancianidad. Verdaderamente es mejor tarde que nunca.

Sinceramente, no puedo entender que las personas que afirman amar al Señor puedan contentarse sin la práctica de su presencia. Mi preferencia es retirarme para estar con Él hasta la parte más profunda de mi alma tantas veces como sea posible. Cuando estoy a solas con Él nada me asusta, pero la más mínima distracción alejado de Él me resulta dolorosa.

Pasar tiempo en la presencia de Dios no debilita el cuerpo. Por el contrario, abandonar por un tiempo los placeres aparentemente inocentes y permisivos del mundo nos produce consuelo. De hecho, Dios no permitirá que un alma que lo busca a Él sea consolada en ningún otro lugar que no sea a su lado. De ahí, tiene sentido sacrificarnos a nosotros mismos a cambio de pasar un tiempo en su presencia.

Eso no significa que tengas que sufrir en esta empresa. No, Dios debe ser servido con sagrada libertad. Deberíamos trabajar fielmente, sin angustia o ansiedad, redirigiendo calmadamente nuestro espíritu a Dios siempre que se distraiga.

El único requisito es que pongamos nuestra confianza enteramente en Dios. Abandona cualquier otra preocupación, incluida cualquier devoción especial que hayas emprendido simplemente como un medio hacia un fin. Dios es nuestro "fin". Si practicamos su presencia con diligencia, no deberíamos necesitar nuestros anteriores "medios". Podemos continuar nuestro intercambio de amor con Él permaneciendo en su sagrada presencia. ¡Adóralo y alábalo! Hay muchas maneras en que podemos darle gracias. El Espíritu Santo que habita en nosotros nos conduce a amar a Dios de diversas maneras.

Que Dios esté contigo.

CUARTA CARTA

Mi apreciada hermana en el Señor,

Comprendo tu difícil situación. Creo que liberarte de tus responsabilidades actuales por un tiempo y dedicarte por entero a la oración sería lo mejor que podrías hacer por ti misma. Dios no pide mucho de ti. Recordarlo a Él, alabarlo, pedirle su gracia, ofrecerle tus problemas, o darle las gracias por lo que Él te ha dado te dará consuelo todo el tiempo. Durante las comidas o durante cualquier tarea diaria, eleva tu corazón a Él, porque incluso el más pequeño recuerdo lo agradará. No tienes que orar en voz alta; Él está más cerca de lo que puedas imaginar.

No es necesario que nos quedemos en la iglesia a fin de permanecer en la presencia de Dios. Podemos convertir nuestros corazones en capillas personales donde podemos entrar en cualquier momento para conversar con Dios en privado. Esas conversaciones pueden ser amorosas y tiernas, y cualquiera puede mantenerlas.

¿Hay algún motivo para no comenzar? Puede que Él esté esperando a que nosotros demos el primer paso. Como nuestro tiempo de vida es muy corto, deberíamos pasar con Dios el tiempo que nos quede. Incluso el sufrimiento será más fácil cuando estamos con Él; sin embargo, sin Él, incluso los mayores deleites carecerán de alegría. ¡Sea Él bendito en todo!

Adiéstrate a ti misma para mostrar tu amor por Él pidiéndole su gracia. Ofrécele tu corazón a Él en cada momento. No limites tu amor por Él con reglas o devociones especiales. Acude a Él en fe, con amor y humildad.

Tu siervo en el Señor.

QUINTA CARTA

*A*preciado Reverendo,

Me gustaría mucho conocer tu opinión acerca de mi situación actual. Hace unos días atrás estaba conversando con una amiga mía acerca de la vida espiritual. Esta amiga la describió como una vida de gracia, que comienza con el temor y el respeto de un siervo, creciendo mediante la esperanza de la vida eterna, para encontrar finalmente su plenitud en el amor puro. También dijo que diferentes personas experimentan este amor consumado en mayores y menores grados.

Yo no he seguido ningún paso en particular en mi propio crecimiento espiritual. Por el contrario, me pareció que los métodos son desalentadores. Mi intención, al inicio de mi caminar cristiano, era entregarme a Dios por completo. Lo hice por amor a Él, porque quería pagar por mis pecados y renunciar a todo lo que le ofendiera.

Mis primeras oraciones hablaban sobre la muerte, el juicio, el infierno, el cielo y mis pecados. Eso continuó así por varios años. Cuando no estaba orando, me mantenía con toda cautela en la presencia de Dios, incluso mientras estaba trabajando. Sabía que Él siempre estaba cerca de mí, en la parte más profunda de mi corazón. Eso me daba un respeto por Dios tan grande, que estaba contento tan solo con la fe. Continué orando de ese modo, lo cual me dio una enorme paz y gozo.

Durante los primeros diez años, sin embargo, me preocupaba que mi caminar con el Señor no fuera lo suficientemente bueno. Como no podía olvidar mis pecados del pasado, me sentía muy culpable cuando pensaba en toda la gracia que Él me había mostrado. Durante ese tiempo solía caer con frecuencia, y entonces me levantaba una vez más. Parecía que todo, incluso Dios, estaba contra mí y que solamente la fe estaba de mi lado. A veces creía que me sentía de ese modo porque intentaba mostrar, al inicio de mi caminar, la misma madurez que a otros cristianos les tomó años alcanzar. En algunas ocasiones, la situación era tan mala que pensé que iba de camino al infierno al ofender a Dios voluntariamente, y que no había salvación alguna para mí.

Por fortuna, esas preocupaciones no debilitaron mi fe en Dios, sino que en realidad la fortalecieron. Cuando finalmente llegué hasta el punto en el que esperaba que el resto de mi vida

fuera muy difícil, de repente me encontré cambiado totalmente. Mi alma, que siempre había estado angustiada, finalmente llegó a reposar en una paz interior profunda.

Desde ese momento, he estado sirviendo a Dios con sencillez, con humildad y fe. Por amor, intento no decir, hacer o
pensar nada que podría ofenderlo a Él. Mi única petición es
que Él haga conmigo lo que le agrade.

Me siento incapaz de expresar lo que está sucediendo
ahora en mi interior. No estoy ansioso por mi propósito en la
vida porque solamente quiero hacer la voluntad de Dios. Ni
siquiera querría levantar del piso un hilo en contra de su man-
dato o por cualquier otro motivo que no sea el amor por Él. El
puro amor de Él es lo que me hace seguir adelante.

He renunciado a todo excepto a mis oraciones de inter-
cesión para enfocar mi atención en permanecer en su sagrada
presencia. Mantengo mi atención en Dios de manera sencilla
y amorosa. Esa es la experiencia secreta de mi alma de la presencia presente e incesante de Dios. Me produce tal contentamiento y alegría, que a veces me siento impulsado a hacer cosas
bastante infantiles para controlarla.

En resumen, buen señor, estoy seguro de que mi alma ha
estado con Dios por más de treinta años. Considero a Dios mi
Rey, contra quien he cometido todo tipo de ofensas. Al confe-
sarle a Él mis pecados y pedirle que me perdone, me pongo en
sus manos para que haga lo que Él quiera conmigo.

Este Rey, que está lleno de bondad y misericordia, no me castiga. Más bien me abraza con amor y me invita a comer en su mesa. Él se ofrece a mí y me da las llaves de su tesoro, tratándome como su favorito. Él conversa conmigo sin mencionar ni mis pecados ni su perdón. Mis hábitos de antes parece que están olvidados. Aunque yo le ruego que haga conmigo lo que desee, Él no hace otra cosa sino mimarme. Así es estar en su sagrada presencia.

Mi vida diaria consiste en darle a Dios mi atención sencilla y amorosa. Si me distraigo, Él me llama a regresar con tonos que son hermosamente sobrenaturales. Si piensas en mí, recuerda la gracia con la cual me ha bendecido Dios en lugar de recordar mi ineptitud típicamente humana.

Mis oraciones están compuestas por una sencilla continuación de ese mismo ejercicio. Algunas veces imagino que soy una pieza de piedra que espera al escultor. Cuando me entrego a Dios de este modo, Él comienza a esculpir mi alma según la imagen perfecta de su Hijo amado. Otras veces, siento que toda mi mente y mi corazón son elevados hasta la presencia de Dios como si, sin hacer esfuerzo alguno, siempre hubieran pertenecido a ese lugar.

Algunas personas pueden considerar que esta actitud es un autoengaño, pero no puedo permitir que se le denomine engaño, pues en este estado de disfrute de Dios no deseo otra cosa sino su presencia. Si me estoy engañando a mí mismo, el

Señor tendrá que ponerle remedio. Quiero que Él haga lo que desee conmigo; lo único que quiero es ser de Él completamente.

Tus sugerencias en cuanto a cómo debería manejar todo esto me ayudarán, porque respeto mucho tu opinión.

Tuyo en Cristo.

SEXTA CARTA

*A*preciada hermana,

Como prometí, estoy orando por ti, aunque mis oraciones sean escasas. ¿No estaríamos felices si pudiéramos encontrar todo el tesoro que se describe en el evangelio? No importa nada más. Este tesoro es infinito; mientras más lo exploramos, más riquezas hallamos. ¡No dejemos nunca de buscar hasta haberlo encontrado por completo!

No sé lo que será de mí. Parece que un alma tranquila y un espíritu apacible acuden a mí incluso mientras duermo. Como estoy en reposo, las pruebas de la vida no me producen sufrimiento. No sé lo que Dios tiene preparado para mí, pero me siento tan sereno que no tiene importancia. ¿A qué temeré cuando estoy con Él? Me mantengo a su lado todo lo que puedo. ¡Sea Él bendito por todo! Amén.

SÉPTIMA CARTA

*A*preciado amigo,

Tenemos un Dios que es infinitamente bueno y que sabe lo que hace. Él se acercará y te librará de tu problema presente en su momento perfecto, y cuando menos lo esperes. Ten esperanza en Él más que nunca. Dale gracias por la fortaleza y la paciencia que te está dando, incluso en medio de esta prueba, porque es una señal evidente de su interés por ti. Aliéntate a ti mismo con su amor, y dale gracias por todo.

Admiro la fortaleza y la valentía de tu amigo el soldado. Dios le ha dado un buen carácter, aunque todavía sigue siendo un poco mundano e inmaduro. Espero que los problemas que Dios le ha permitido experimentar hayan causado que se interese más acerca de su vida espiritual. Aliéntalo a poner toda su confianza en Dios, que está a su lado siempre. Necesita comunicarse con Dios en todo tiempo, especialmente en medio de los mayores peligros.

Elevar su corazón a Dios es suficiente. Recordar a Dios brevemente o alabarlo incluso en medio de la batalla es muy agradable a Él. Y, lejos de destruir la valentía de un soldado, eso le dará fortaleza.

Dile que permanezca en Dios todo lo posible, acostumbrándose gradualmente a este ejercicio sencillo pero sagrado. Nadie podría verlo; además, nada es más fácil que alabar al Señor.

Dile que lo haga todas las veces que pueda. Es una conducta bastante aceptable para un soldado; de hecho, es necesaria para alguien cuya vida (y cuya salvación) está constantemente en peligro.

Es mi oración que Dios les ayude a él y a toda su familia, a quienes saludo.

OCTAVA CARTA

*A*preciado amigo,

Tú no eres el único que es distraído de la presencia de Dios; te entiendo muy bien. Nuestras mentes son muy volubles y caprichosas; sin embargo, recuerda que la voluntad que Dios nos ha dado gobierna todas nuestras fuerzas. Debemos llevar de nuevo nuestras mentes a Dios; de otra manera, nuestro espíritu puede vagar, arrastrándonos a las cosas de esta tierra.

Creo que el remedio para el problema es confesar nuestras faltas a Dios y humillarnos delante de Él. No es necesario ser demasiado verbosos en la oración, porque las oraciones largas animan los pensamientos que divagan. Simplemente preséntate ante Dios como si fueras un hombre pobre que llama a la puerta de un hombre rico, y fija tu atención en su presencia. Si tu mente divaga a veces, no te angusties, porque estar angustiado solamente te distraerá todavía más. Permite que tu voluntad dirija tu atención suavemente hacia Dios. Tal perseverancia le agradará.

Otra manera de evitar que la mente divague y se aleje de Dios durante la oración es adiestrarte a ti mismo para permanecer en su presencia durante todo el día. Eso te dará cierto tipo de "práctica", al recordarte a ti mismo que debes concentrarte en Él. Así, permanecer en su presencia durante el tiempo de la oración será más fácil.

Sabes por mis otras cartas cuán ventajosa creo que es la práctica de la presencia de Dios. Tomemos en serio este acto de amar a Dios y de orar el uno por el otro.

Tu hermano en Cristo.

NOVENA CARTA

*A*preciado amigo,

Aquí está la respuesta a la carta que recibí de tu querida hermana en el Señor; por favor, entrégasela. Ella parece llena de buena voluntad, pero quiere ir más rápido de lo que permite la gracia. No es posible llegar a ser maduro espiritualmente de repente. Recomiendo que trabajes con ella, porque deberíamos ayudarnos los unos a los otros con nuestros consejos, y más todavía con nuestro buen ejemplo. Agradecería que me envíes noticias de ella de vez en cuando, para que así pueda saber cómo va avanzando.

Recordemos con frecuencia, apreciado amigo, que nuestra única ocupación en la vida es agradar a Dios. ¿Qué significado puede tener cualquier otra cosa? Tú y yo hemos caminado con el Señor por más de cuarenta años. ¿Realmente hemos usado todos esos años para amar y servir a Dios, quien por su misericordia nos llamó para ese propósito? Cuando pienso en las bendiciones que Dios me ha dado y que sigue dándome, me siento avergonzado. Siento que he abusado de esas bendiciones, usándolas pocas veces de beneficio para ser más semejante a Cristo.

Aun así, Dios en su misericordia nos concede un poco más de tiempo. Podemos comenzar de nuevo y reparar la oportunidad perdida, regresando con completa confianza a este Padre bueno, quien siempre está listo para recibirnos con amor. Necesitamos abandonar todo lo que no sea de Dios. ¿Acaso no merece Él eso y mucho más? Pensemos en Él continuamente, y pongamos toda nuestra confianza en Él. Pronto, su gracia abundante nos rodeará. Con ella podemos hacer cualquier cosa, pero sin ella solamente podemos cometer pecado.

No podemos evitar los peligros de la vida sin la ayuda continua de Dios, y por eso deberíamos pedírsela sin cesar. Pero ¿cómo podemos pedir ayuda a menos que estemos con Él? Para estar con Él debemos cultivar el hábito sagrado de pensar en Él con frecuencia.

Me dirás que siempre digo lo mismo. ¿Qué puedo decir? Es verdad. No conozco un método más fácil, ni tampoco uno práctico, de modo que aconsejo este a todo el mundo. Tenemos que conocer a alguien antes de poder amarlo verdaderamente. A fin de conocer a Dios, debemos pensar en Él con frecuencia.

Cuando lleguemos a conocerlo mejor, pensaremos en Él todavía con más frecuencia, porque donde esté nuestro tesoro, ¡allí está también nuestro corazón!

DÉCIMA CARTA

Apreciada señora,

Me resultó difícil decidir si debía o no escribir a tu hermano en el Señor. Lo hago solamente porque tú lo deseas. ¿Te importaría poner la dirección y enviar la carta tú misma?

Tu confianza en Dios es hermosa; que Él te bendiga por ello. Nuestra confianza en este Amigo nuestro nunca será demasiada. Él es muy bueno y nunca nos falla, ya sea en este mundo o en el siguiente.

Es mi oración que nuestro hermano sea lo bastante sabio para beneficiarse de su pérdida y confiar en Dios por completo. Quizá nuestro Señor le dará otro amigo que sea más poderoso y mejor dispuesto. Después de todo, Dios trata con nuestros corazones conforme a su voluntad.

Puede que haya habido demasiado del mundo en su amor. Quizá estaba demasiado apegado a la persona que perdió. Aunque debemos amar a nuestros amigos, ese amor nunca debería obstaculizar nuestro amor a Dios, quien debe ser el primero.

Recuerda lo que te aconsejé que hicieras: piensa en Dios tantas veces como puedas, día y noche, en todo lo que hagas. Él está contigo siempre. Igual que sería irrespetuoso por tu parte si dejaras sola a una amiga que llegó a visitarte, ¿por qué serías irrespetuosa con Dios al alejarte de su presencia?

¡No te olvides de Él! Piensa en Él con frecuencia. Adóralo sin cesar. Vive y muere con Él. Esa es realmente la vida de los cristianos; en pocas palabras: es nuestra profesión. Si no la conocemos, debemos aprenderla. Te tendré en mis oraciones.

UNDÉCIMA CARTA

*A*preciado amigo,

Ya que estás interesado tan seriamente en saber cómo obtuve la habilidad que Dios me concedió de permanecer en su presencia, intentaré explicarlo; sin embargo, debo pedirte que no muestres mi carta a nadie. Si pensara que ibas a permitir que otra persona la leyera, no hablaría del asunto a pesar de mi deseo por tu crecimiento espiritual.

Aunque encontré varios libros que describen cómo conocer a Dios y la madurez espiritual, pensé que solamente servirían para confundir mi alma. Lo que yo quería era tan solo pertenecer totalmente a Dios, de modo que decidí entregar todo lo que podía entregar a fin de obtener la mayor bendición a cambio: conocerlo a Él. Me entregué por completo a Dios, aceptando su perdón de mis pecados, tras lo cual renuncié a todo lo que pudiera ser una ofensa para Él. Comencé a vivir como si no hubiera nadie más sino solamente Dios y yo mismo en el mundo.

En ocasiones, pensaba en mí mismo como un criminal que estaba delante de Él, mi Juez; otras veces lo consideraba mi Padre. Intenté mantener mi corazón todo lo que pude en esta relación entre padre e hijo, adorándolo a Él. Sujeté mi espíritu en su sagrada presencia, conduciéndolo de nuevo allí siempre que se alejaba. Este ejercicio fue bastante difícil; sin embargo, pude continuarlo sin ser angustiado cuando me distraía de modo involuntario. Ocupaba tanto de mi tiempo durante mi día de trabajo regular como lo hacía en mi tiempo de oración. En todo momento, en cada hora y cada minuto, alejaba de mi espíritu lo que pudiera alejarme del pensamiento de Dios.

Esta ha sido mi rutina regular desde que comencé mi caminar con el Señor. Aunque algunas veces la practico tímidamente y con muchos errores, y grandes, sigo siendo bastante bendecido como consecuencia, debido a la gran bondad y misericordia de Dios. Sin duda, no podemos hacer nada apartados de Él (lo cual es más cierto para mí que para otros). Sin embargo, cuando nos mantenemos fielmente en su sagrada presencia y recordamos siempre que Él está delante de nosotros, evitamos ofenderlo (al menos voluntariamente). Entonces, podemos tomarnos la sagrada libertad de pedirle la gracia que necesitamos. Al continuar esta práctica de la presencia de Dios, nos familiarizamos más con Él, y su presencia se vuelve algo natural.

¡Gracias a Dios por su bondad hacia nosotros!

DUODÉCIMA CARTA

¡Hola, amigo!

¡Sé valiente! Con frecuencia, Dios nos permite atravesar dificultades para purificar nuestras almas y para enseñarnos a confiar más en Él (Ver 1 Pedro 1:6-7). Por lo tanto, ofrécele tus problemas sin cesar, y pídele la fortaleza para vencerlos. Conversa con Dios con frecuencia, y olvídate de Él pocas veces. Alábalo. Cuando las dificultades estén en su peor momento, acude a Él con humildad y amor, como un niño acude a un padre amoroso, y pídele la ayuda que necesites de su gracia. Yo te apoyaré con mis humildes oraciones.

Dios tiene diversas maneras de acercarnos a Él, pero algunas veces se oculta de nosotros. En esas ocasiones, el único apoyo de nuestra confianza debe ser nuestra fe, que debe estar por completo en Dios. Tal fe no fallará.

Recuerda que Dios nunca nos abandona a menos que nosotros seamos los primeros en alejarnos. Deberíamos tener cuidado para no separarnos nunca de su presencia. Debemos permanecer a su lado siempre; por lo tanto, vivamos con Él ahora y muramos con Él cuando llegue nuestra hora. Ora por mí a Dios, y yo oraré por ti.

Tuyo en nuestro Señor.

DÉCIMOTERCERA CARTA

Apreciado amigo,

No podré dar gracias a Dios lo suficiente por el modo en que Él ha comenzado a librarte de tu prueba.

Dios sabe muy bien lo que necesitamos, y que todo lo que Él hace es por nuestro bien. Si supiéramos lo mucho que Él nos ama, estaríamos siempre preparados para enfrentar la vida, tanto sus deleites como sus problemas.

Las dificultades de la vida no tienen que ser insoportables. Lo que hace que así lo parezcan es nuestro modo de verlas: mediante la fe o mediante la incredulidad. Debemos estar convencidos de que nuestro Padre está lleno de amor por nosotros, y que solamente permite que lleguen pruebas a nuestro camino por nuestro propio bien.

Ocupémonos por completo en conocer a Dios. Cuanto más lo conozcamos, más desearemos conocerlo. A medida que el amor aumenta con el conocimiento, más conoceremos a Dios y más lo amaremos verdaderamente. Aprenderemos a amarlo igualmente en tiempos de angustia o en tiempos de gran alegría.

Aunque buscamos a Dios y lo amamos a causa de las bendiciones que Él nos ha otorgado o por las que nos otorgará en el futuro, no nos detengamos ahí. Esas bendiciones, por grandes que sean, nunca nos acercarán más a Él como lo hace un sencillo acto de fe en un momento de necesidad o de problemas.

Miremos a Dios con esos ojos de fe. Él está en nuestro interior; no necesitamos buscarlo en ningún otro lugar. Solo podemos culparnos a nosotros mismos si nos alejamos de Dios, ocupándonos en cambio de las pequeñeces de la vida. En su paciencia, el Señor soporta nuestras debilidades. Aun así, ¡solamente piensa en el precio que pagamos por estar separados de su presencia!

De una vez por todas, comencemos a ser de Él por completo. Apartemos de nuestros corazones y nuestras almas todo lo que no refleje a Jesús. Pidámosle a Él la gracia para hacerlo, a fin de que solamente Él pueda gobernar en nuestros corazones.

Debo confiarte, mi apreciado amigo, que espero que, en su gracia, lo veré en unos pocos días.

Oremos el uno por el otro ante Él.

El 12 de febrero de 1691, tan solo unos días después de escribir esta carta, el Hermano Lawrence falleció y pasó de esta vida a la siguiente para habitar plenamente en la presencia de su Dios.

Tercera parte

MÁXIMAS ESPIRITUALES

MÁXIMAS ESPIRITUALES

Todo es posible para el que cree; todavía más para el que espera; aún más para el que ama; y sobre todo para el que practica las tres cosas. Todos los que creemos como deberíamos, y somos bautizados, hemos dado el primer paso hacia la perfección. Llegaremos a la perfección si practicamos los siguientes principios de la conducta cristiana.

En primer lugar, necesitamos considerar a Dios en todo lo que decimos y hacemos. Nuestra meta debería ser el llegar a ser perfectos en nuestra adoración a Él a lo largo de esta vida terrenal como preparación para toda la eternidad. Debemos tomar la firme resolución de vencer, con la gracia de Dios, todas las dificultades que se encuentran en una vida espiritual.

Desde el inicio de nuestro caminar cristiano deberíamos recordar quiénes somos y que no somos dignos del nombre de cristiano, excepto por lo que Cristo ha hecho por nosotros. Al limpiarnos de todas nuestras impurezas, Dios desea humillarnos y permite con frecuencia que atravesemos diversas pruebas o dificultades con ese fin.

Debemos creer con certeza que es agradable a Dios y también es bueno para nosotros sacrificarnos a nosotros mismos por Él. Sin esta entrega completa de nuestros corazones y mentes a su voluntad, Él no puede obrar en nosotros para perfeccionarnos.

Mientras más aspiremos a ser perfectos, más dependientes somos de la gracia de Dios. Comenzamos a necesitar su ayuda en cada pequeña cosa y en cada momento, porque sin ella no podemos hacer nada. El mundo, la carne y el diablo libran una guerra feroz y continuada por nuestras almas. Si no somos capaces de depender humildemente de Dios para recibir ayuda, nuestras almas serán desanimadas. Aunque esta dependencia total puede que en ocasiones vaya en contra de nuestra naturaleza humana, Dios se agrada mucho de que lo hagamos. Aprender a hacerlo nos producirá descanso.

PRÁCTICAS ESENCIALES PARA LA VIDA ESPIRITUAL

La práctica más sagrada y más necesaria en nuestra vida espiritual es la presencia de Dios. Eso significa encontrar un agrado constante en su compañía divina, hablar humilde y amorosamente con Él en todo tiempo, en todo momento, sin limitar la conversación de ningún modo. Esto es especialmente importante en momentos de tentación, tristeza, separación de Dios, e incluso en tiempos de infidelidad y pecado.

Debemos intentar conversar con Dios en breves momentos mientras realizamos nuestro trabajo; no con oraciones memorizadas, y sin intentar recitar pensamientos previamente formados. Más bien, deberíamos revelar nuestros corazones de manera pura y sencilla a medida que las palabras vienen a nuestra mente.

Debemos hacer todo con gran cuidado y atención, evitando acciones impetuosas, las cuales son evidencia de un espíritu desordenado. Dios quiere que trabajemos con Él de modo calmado y amoroso, pidiéndole que acepte nuestro trabajo. Mediante esta atención continua a Dios, resistiremos al diablo y haremos que huya de nosotros (Santiago 4:7).

En cualquier cosa que hagamos, incluso si estamos leyendo la Palabra u orando, deberíamos detenernos por unos minutos, todas las veces que sea posible, para alabar a Dios desde las profundidades de nuestro corazón, para disfrutar de Él ahí en lo secreto. Como creemos que Dios está con nosotros siempre, sin importar lo que podamos estar haciendo, ¿por qué no deberíamos detenernos por un momento para adorarlo, para alabarlo, para presentar nuestras peticiones, para ofrecerle nuestro corazón y para darle gracias?

¿Qué podría agradar más a Dios, sino que dejemos los afanes del mundo temporalmente a fin de adorarlo a Él en nuestro espíritu? Esos retiros momentáneos sirven para liberarnos de nuestro egoísmo, el cual solamente puede existir en el mundo. En pocas palabras, no podemos mostrar más nuestra lealtad a Dios que renunciando a nuestro yo carnal tanto como mil veces al día para disfrutar incluso un solo momento con Él.

Eso no significa que debamos ignorar las obligaciones del mundo para siempre, pues eso sería imposible. Que la prudencia sea nuestra guía. Sin embargo, sí que creo que es un error común de las personas llenas del Espíritu no dejar los afanes del mundo periódicamente para alabar a Dios en su espíritu y descansar en la paz de su divina presencia por unos momentos.

Nuestra adoración a Dios debería realizarse en fe, creyendo que Él vive realmente en nuestro corazón y que debe ser amado y servido en espíritu y en verdad. Necesitamos comprender que Él es el Independiente, de quien todos nosotros dependemos, y que Él está al tanto de todo lo que nos sucede.

Las perfecciones del Señor están verdaderamente más allá de toda medida. Por su infinita excelencia y su lugar soberano como Creador y Salvador, tiene el derecho a poseernos a nosotros y a todo lo que existe en los cielos y en la tierra. Debe agradarse en hacer con cada uno de nosotros lo que decida en el tiempo y en la eternidad. Debido a todo lo que Él es para nosotros, le debemos nuestros pensamientos, nuestras palabras y nuestras acciones. Esforcémonos con sinceridad para hacerlo.

Debemos examinarnos a nosotros mismos atentamente para ver qué virtudes necesitamos más y cuáles nos resultan más difícil adquirir. También deberíamos tomar nota de los pecados en los que caemos con mayor frecuencia y qué ocasiones contribuyen a que caigamos. En nuestros momentos de lucha con esas áreas, podemos acudir ante Dios con toda confianza y permanecer en la presencia de su divina majestad. En humilde adoración, debemos confesar nuestros pecados y debilidades a Él, pidiendo amorosamente la ayuda de su gracia en nuestro momento de necesidad. Entonces, descubriremos que podemos ser partícipes de todas las virtudes que se encuentran en Él, aunque nosotros mismos no poseamos ninguna de ellas.

CÓMO ADORAR A DIOS

Adorar a Dios en espíritu y en verdad significa adorarlo como deberíamos. Como Dios es Espíritu, debe ser adorado en espíritu. En otras palabras, debemos adorarlo con un amor humilde y sincero que proviene de la profundidad y el centro de nuestra alma. Solo Dios puede ver esta adoración, la cual debemos repetir hasta que se convierta en parte de nuestra naturaleza, como si Dios fuera uno con nuestra alma y nuestra alma fuera una con Dios. La práctica lo demostrará.

En segundo lugar, adorar a Dios en verdad es reconocer lo que Él es y también a nosotros mismos tal como somos. Adorar a Dios en verdad significa que nuestros corazones en realidad ven a Dios como infinitamente perfecto y digno de nuestra alabanza. ¿Qué hombre, sin importar cuán poco sentido pueda tener, no emplearía todas sus fuerzas para mostrar su respeto y amor a este gran Dios?

En tercer lugar, adorar a Dios en verdad es admitir que nuestra naturaleza es precisamente opuesta a la de Él; sin embargo, está dispuesto a hacernos semejantes a Él si lo deseamos. ¿Quién sería tan imprudente como para desatender, aunque solo sea por un momento, el respeto, el amor, el servicio y la adoración continua que debemos a Dios?

LA UNIÓN DEL ALMA CON DIOS

La manera principal en la que el alma es unida a Dios es mediante la salvación, únicamente por su gracia.

Esto va seguido de un periodo en el cual un alma que es salva llega a conocer a Dios mediante una serie de experiencias, algunas de las cuales llevan al alma a una unión más cercana con Él, y otras la alejan. El alma aprende qué actividades acercan más la presencia de Dios, y se mantiene en su presencia practicando esas actividades.

La unión más íntima y cercana con Dios es la presencia de Dios. Aunque esta relación con Dios es totalmente espiritual, es también bastante dinámica porque el alma no está dormida; más bien se emociona poderosamente. En ese estado, el alma se aviva más que el fuego y es más brillante que el sol que no es estorbado por ninguna nube; sin embargo, al mismo tiempo es tierna y consagrada.

Esta unión no es una simple expresión del corazón, como decir: "Señor, te amo con todo mi corazón", u otras palabras similares. En cambio, es un estado del alma inexpresable: calmado, pacífico, respetuoso, humilde, amoroso y muy simple, que insta a la persona a amar a Dios, adorarlo y abrazarlo con ternura y alegría.

Todo aquel que se esfuerza por la unión divina debe comprender que, solamente porque algo sea agradable y deleitoso para la voluntad, no significa que le acercará más a Dios. Algunas veces es útil desconectar del mundo los sentimientos de la voluntad, a fin de enfocarse por completo en Dios. Si la voluntad es capaz de algún modo de comprender a Dios, solamente puede hacerlo mediante el amor. Y ese amor, que tiene su fin en Dios, será obstaculizado por las cosas de este mundo.

LA PRESENCIA DE DIOS

La presencia de Dios es la concentración de la atención del alma en Dios, recordando que Él siempre está presente.

Conozco a una persona que por cuarenta años ha practicado la presencia de Dios, a la cual le asigna varios otros nombres. En ocasiones la denomina un acto sencillo (un conocimiento claro y distintivo de Dios), y otras veces la llama una perspectiva difusa o una mirada amorosa general a Dios: acordarse de Él. También se refiere a ella como atención a Dios, comunión silenciosa con Dios, confianza en Dios, o la vida y la paz del alma. Para resumirlo, esta persona me ha dicho que todas esas descripciones de la presencia de Dios son meramente sinónimos que significan lo mismo, una realidad que se ha vuelto natural para él.

Mi amigo dice que, al habitar en la presencia de Dios, ha establecido una comunión tan dulce con el Señor que su espíritu permanece sin mucho esfuerzo en la paz y el descanso de Dios. En este centro de reposo, está lleno de una fe que lo capacita para manejar cualquier cosa que llegue a su vida.

Esto es lo que él llama la "presencia real" de Dios, que incluye cualquiera y toda clase de comunión que una persona que sigue viviendo en la tierra es posible que tenga con el Dios de los cielos. Algunas veces, puede vivir como si no existiera nadie más en la tierra a excepción de él mismo y Dios. Habla amorosamente con Dios dondequiera que va, pidiéndole todo lo que necesita y gozándose con Él de mil maneras.

Sin embargo, deberíamos comprender que esta conversación con Dios se produce en la profundidad y el centro del alma. Es ahí donde el alma habla con Dios de corazón a corazón, y siempre permanece en una paz grande y profunda que el alma disfruta en Dios. Los problemas que se producen en el mundo pueden convertirse en una brizna de paja que se apaga incluso cuando se prende, mientras el alma retenga su paz interior en Dios.

La presencia de Dios es, por lo tanto, la vida y el alimento del alma, que puede adquirirse con la gracia de Dios. A continuación están los medios para hacerlo.

LOS MEDIOS PARA ADQUIRIR LA PRESENCIA DE DIOS

El primer medio para adquirir la presencia de Dios es una vida nueva, recibida mediante la salvación por medio de la sangre de Cristo.

El segundo es la práctica fiel de la presencia de Dios. Siempre debe hacerse con dulzura, humildad y amor, sin dar pie a la ansiedad o los problemas.

Después, los ojos del alma deben mantenerse fijos en Dios, en particular cuando se hace algo en el mundo exterior. Ya que son necesarios mucho tiempo y esfuerzo para perfeccionar esta práctica, uno no debería desalentarse por el fracaso.

Aunque es difícil formar el hábito, es una fuente de deleite divino cuando se aprende.

Es adecuado que el corazón, que es el primero en vivir y el que domina todas las otras partes del cuerpo, debería ser el primero y el último en amar a Dios. El corazón es el inicio y el fin de todas nuestras acciones espirituales y corporales y, hablando en general, de todo lo que hacemos en nuestras vidas. Por lo tanto, es la atención del corazón la que debemos enfocar en Dios.

Entonces, en el inicio de esta práctica no sería erróneo ofrecer frases breves que estén inspiradas por el amor, como: "Señor, soy todo tuyo"; "Dios de amor, te amo con todo mi corazón", o "Señor, úsame conforme a tu voluntad". Sin embargo, hay que recordar evitar que la mente divague o regrese al mundo. Mantén tu atención solamente en Dios ejerciendo tu voluntad para permanecer en su presencia.

Por último, aunque este ejercicio puede ser difícil de mantener al principio, tiene efectos maravillosos sobre el alma cuando se practica fielmente. Hace descender en abundancia las gracias del Señor y muestra al alma cómo ver la presencia de Dios en todas partes con una visión pura y amorosa, que es la actitud más sagrada, más firme, más sincera y más eficaz para la oración.

LAS BENDICIONES DE LA PRESENCIA DE DIOS

La primera bendición que recibe el alma por la práctica de la presencia de Dios es que la fe es más viva y más activa en todo lugar en nuestras vidas. Esto es particularmente cierto en los momentos de dificultad, ya que obtiene la gracia que necesitamos para lidiar con la tentación y conducirnos bien en el mundo. El alma, acostumbrada por este ejercicio a la práctica de la fe, realmente puede ver y sentir a Dios simplemente entrando en su presencia. Lo evoca fácilmente y obtiene lo que necesita. Al hacer eso, podría decirse que el alma se acerca al Bendito, con respecto a que casi puede decir: "Ya no creo, sino que veo y experimento". Esta fe se vuelve cada vez más penetrante a medida que se desarrolla mediante la práctica.

En segundo lugar, la práctica de la presencia de Dios nos fortalece en la esperanza. Nuestra esperanza aumenta a medida que nuestra fe penetra en los secretos de Dios mediante la práctica de nuestro sagrado ejercicio. El alma descubre en Dios una belleza que sobrepasa infinitamente no solo la de cuerpos que vemos en la tierra sino también la de los ángeles. Nuestra esperanza aumenta y se fortalece, y la cantidad de bien que espera disfrutar, y que en cierto grado prueba, la reafirma y la sustenta.

La tercera bendición es que esta práctica causa que la voluntad se goce en ser apartada del mundo, brillando con el fuego del amor sagrado. Esto se debe a que el alma está siempre con Dios, quien es un fuego consumidor y que reduce a polvo cualquier cosa que se opone a Él. El alma, así prendida, ya no puede vivir excepto en la presencia de su Dios. Esta presencia produce un ardor sagrado, una urgencia sagrada, y un deseo violento en el corazón de ver a este Dios a quien el alma ama tanto.

Al practicar la presencia de Dios y mirarlo continuamente, el alma se familiariza con Él hasta el grado en que pasa casi toda su vida en actos continuos de amor, alabanza, confianza, acción de gracias, ofrendas, y peticiones. Algunas veces, todo esto puede fundirse en un solo acto que no termina, porque el alma está siempre inmersa en el ejercicio continuo de la divina presencia de Dios.

Cuarta parte

LA VIDA DEL
HERMANO LAWRENCE

LA VIDA DEL HERMANO LAWRENCE

*Este relato de la vida del Hermano Lawrence fue escrito
y publicado poco después de su muerte por su apreciado
amigo Joseph de Beaufort.*

Una verdad que se repite constantemente en las Sagradas
Escrituras es que el brazo de Dios no se ha acortado, ya que
nuestras miserias no pueden agotar su misericordia. El poder
de su gracia no es menor hoy de lo que era en los primeros
tiempos de la Iglesia. Dios deseaba guardar a santos para sí
mismo hasta el fin del mundo. Esos santos le mostrarían un

respeto digno de su grandeza y majestad, y serían modelos de virtud a causa del sagrado ejemplo que establecerían.

Dios no se contentó con que esos hombres extraordinarios nacieran solamente en los primeros siglos. Él sigue levantando personas que cumplen perfectamente estas dos obligaciones de un santo y que guardan en sí mismos los frutos del Espíritu, los transmiten, y hacen que vivan también en otros.

Uno de esos hombres fue el Hermano Lawrence de la Resurrección, un hermano carmelita laico. Dios hizo que naciera en estos postreros tiempos para que lo reverenciara y para mostrar un ejemplo de la práctica fiel de todas las virtudes.

Su nombre en la tierra era Nicholas Herman. Sus padres, personas rectas que vivieron vidas ejemplares, le enseñaron en su niñez a amar al Señor. Fueron particularmente cuidadosos acerca de su educación, dándole solamente las lecciones que eran consistentes con el evangelio.

Cuando era joven, se alistó en las fuerzas armadas. Conduciéndose con sencillez y honestidad, comenzó a recibir evidencia de parte de Dios de su bondad y su misericordia.

Para comenzar, fue tomado prisionero por un pequeño cuerpo de tropas alemanas y tratado como espía. ¿Quién puede imaginar hasta dónde llegaron su paciencia y su calma durante ese acontecimiento tan desagradable?

Los alemanes incluso amenazaron con colgarlo. Él simplemente respondió que no era lo que ellos suponían, añadiendo que, como nunca había hecho nada que lo hiciera tener una conciencia culpable, de todos modos, la muerte no lo asustaba. Cuando los oficiales al mando oyeron eso, lo liberaron.

Más adelante, nuestro joven soldado fue herido, y su herida lo obligó a retirarse en la casa de sus padres, quienes no estaban muy lejos. Eso le dio la oportunidad de emprender una profesión más sagrada: pelear bajo el estandarte de Jesucristo. Decidió entregarse por completo a Dios y reparar su conducta del pasado, no por vanidad sino mediante sentimientos de verdadera consagración. Entonces, Dios le permitió percibir el vacío y la nada de los placeres del mundo y lo tocó con un amor por las cosas celestiales.

Sin comprender la plenitud de la gracia de Dios, el Hermano Lawrence no permitió que esa gracia aliviara sus problemas de inmediato. Batalló con serias dudas acerca de su profesión, la corrupción del mundo, la inestabilidad e infidelidad del hombre, y la traición de los enemigos. Sin embargo, la verdad eterna del Señor le permitió conquistar esos temores. Tomó la firme decisión de aceptar las enseñanzas del evangelio y caminar tras las huellas de Jesucristo.

Eso arrojó una nueva luz a su expresión. Lo liberó de las dificultades que el diablo y el mundo ponen normalmente en el camino de aquellos que desean entregar sus vidas al Señor. Nuestro hermano adquirió una firmeza prudente, la cual le dio una determinación a seguir a Dios tan fuerte, que todas sus dificultades anteriores fueron limpiadas en un momento como por un milagro. Meditar en las promesas del Señor y en su amor por Jesucristo lo transformó en otro hombre. La humildad de la cruz se volvió más deseable para él que toda la gloria que el mundo tenía que ofrecer.

Lleno de celo divino, el Hermano Lawrence buscó a Dios en la simplicidad y la sinceridad de su corazón. Como su alma estaba cansada de la vida dolorosa que había estado viviendo hasta ese tiempo en el mundo, decidió retirarse al desierto. Allí, por medio de su nueva fuerza cristiana, pudo acercarse a Dios más que nunca antes.

Sin embargo, una vida tan solitaria no es buena para los cristianos jóvenes, lo cual descubrió enseguida nuestro hermano. Al ver cómo la alegría y después la tristeza, la paz y después la ansiedad, la confianza y después la pesadez gobernaban su alma por turnos, el Hermano Lawrence comenzó a dudar de la sabiduría de su decisión de vivir en el desierto, deseando en cambio vivir dentro de una hermandad cristiana. La vida dentro de un grupo así estaría basada en la roca firme de Jesucristo en lugar de estarlo en las arenas cambiantes de la devoción temporal e individual. Además, los miembros del grupo podrían edificarse y exhortarse unos a otros, protegiéndose a sí mismos contra lo cambiante de sus caprichos individuales. Aunque el primer paso fue difícil, Dios lo persuadió con amor para que fuera a París, donde se convirtió en hermano laico de la orden de los Carmelitas y adoptó el nombre de Hermano Lawrence.

Desde el inicio, la oración tuvo una importancia particular para él. A pesar de cuánto trabajo tuviera que realizar, nunca recortaba su tiempo de oración. Evocar la presencia de Dios y el amor que resultaba de ella hizo que pronto fuera el modelo de sus compañeros hermanos en el monasterio. Aunque allí le asignaron las tareas más humildes, él nunca se quejó. La gracia de Jesucristo lo sostenía en todo lo que era desagradable o cansado.

Su fidelidad a Dios era ejemplar. Incluso cuando uno de sus superiores le dijo por error que se estaba hablando de despedirlo del monasterio, él respondió: "Estoy en las manos de Dios; Él hará conmigo lo que desee. Si no lo sirvo a Él aquí, lo serviré en otro lugar".

Sin embargo, cuando el Hermano Lawrence intentó avanzar hacia una vida más espiritual, los recuerdos de sus pecados del pasado lo rodearon, y se consideró a sí mismo un gran pecador, indigno de ninguna de las atenciones de Dios. Esto condujo a diez años de intenso temor y ansiedad, periodo en el cual dudaba con frecuencia de su salvación. Con un corazón afligido presentaba sus problemas a Dios, pero sus propios temores de lo que le costaría servir a Dios por completo causaron que se resistiera a la salvación total de Dios.

En ese periodo amargo y oscuro, el Hermano Lawrence encontraba poco consuelo en la oración, pero sin embargo continuó orando. Colocando su confianza en Dios, su mayor deseo era seguir agradándolo a Él.

Incluso cuando sentía que debería renunciar a esa vida por completo, encontraba la fuerza interior y la valentía para continuar. Al final, clamó a Dios: "Ya no me importa lo que haga o lo que sufra, mientras me mantenga unido en amor a tu voluntad".

Esa es precisamente la actitud que Dios quería que él desarrollara antes de derramar las bendiciones de su presencia. Lo que nuestro humilde hermano no había sabido era cuán misericordioso es Dios hacia los pecadores como él mismo. No comprendía que ya había sido perdonado; sin embargo, desde entonces, la firmeza de su alma aumentó más que nunca. Dios, que puede realizar cosas maravillosas en un momento, abrió de repente los ojos del Hermano Lawrence. Recibió una revelación divina de la majestad de Dios que avivó su espíritu, disipó todos sus temores y puso fin a sus luchas interiores y su dolor. Desde ese momento, meditar en el carácter y la misericordia de Dios moldeó el carácter del Hermano Lawrence. Se volvió tan natural para él, que pasó los últimos cuarenta años de su vida en la práctica continua de la presencia de Dios, la cual describía como una conversación tranquila y familiar con Él.

El Hermano Lawrence comenzó esta práctica cultivando una profunda presencia de Dios en su corazón. Decía que la presencia de Dios tenía que ser mantenida por el corazón y el amor en lugar de por la comprensión y la conversación.

"En el camino de Dios", decía él, "los pensamientos cuentan poco y el amor lo hace todo. Y no es necesario tener grandes cosas que hacer. Yo volteo mi pequeña tortilla en la sartén por el amor de Dios; cuando está terminada, si no tengo nada más que hacer me postro en el piso y adoro a mi Dios, quien me dio la gracia para cocinarla, y después me levanto más contento que un rey. Cuando no puedo hacer nada más, es suficiente para mí haber levantado una brizna de paja de la tierra por el amor de Dios.

"Las personas buscan métodos de aprender a amar a Dios. Esperan llegar a eso mediante no sé cuántas prácticas diferentes; se afanan mucho para permanecer en la presencia de Dios de diversas maneras. ¿Acaso no es mucho más breve y directo hacerlo todo por el amor de Dios, hacer uso de todas las labores en el estado de uno en la vida, para mostrarle a Él ese amor y para mantener su presencia dentro de nosotros mediante la comunión de nuestros corazones con el suyo? No hay finura al respecto; solo hay que hacerlo con generosidad y sencillez".

Cuando uno de los hermanos cuestionó con persistencia al Hermano Lawrence acerca de sus medios de practicar la presencia de Dios, él respondió con su sencillez usual:

"Cuando entré por primera vez al monasterio, consideraba a Dios como el principio y el fin de todos mis pensamientos y todos los sentimientos de mi alma. Durante las horas designadas para la oración, yo meditaba en la verdad y el carácter de

Dios que debemos aceptar mediante la luz de la fe, en lugar de pasar tiempo en meditaciones y lecturas laboriosas. Al meditar en Jesús mismo, avancé en mi conocimiento de su amorosa Persona, con quien decidí habitar siempre.

"Completamente inmerso en mi comprensión de la majestad de Dios, solía encerrarme a mí mismo en la cocina. A solas, después de haber terminado todo lo necesario para mi trabajo, me dedicaba a la oración en el tiempo que quedaba.

"El tiempo de oración lo realizaba al inicio y al final de mi trabajo. Al inicio de mis obligaciones le decía al Señor con confianza: 'Dios mío, como tú estás conmigo y como en tu voluntad debo ocuparme de cosas externas, por favor otórgame la gracia para permanecer contigo, en tu presencia. Trabaja conmigo para que el trabajo pueda ser el mejor. Recibe como una ofrenda de amor mi trabajo y también todos mis afectos'. Durante mi trabajo, siempre continuaba hablando al Señor como si Él estuviera a mi lado, ofreciéndole mis servicios y dándole gracias por su ayuda. Además, al final de mi trabajo solía examinarlo con atención. Si encontraba bien en él, le daba gracias a Dios. Si observaba fallos, le pedía perdón sin quedar desalentado y después seguía con mi trabajo, permaneciendo en Él.

"Así, continuando en la práctica de conversar con Dios a lo largo de cada día y buscando rápidamente su perdón cuando caía o me desviaba, su presencia se ha vuelto tan fácil y natural para mí ahora como antes lo era obtenerla con dificultad".

Cuando el Hermano Lawrence comenzó a entender las grandes bendiciones que esta experiencia sagrada produce para el alma, aconsejó a todos sus amigos que la practicaran con toda la atención y la fe que pudieran. Al querer que ellos emprendieran este acto con una firme resolución y valentía, usaba los motivos más fuertes que podía para persuadirlos. En su entusiasmo espiritual y mediante su ejemplo piadoso, él no solo tocaba sus mentes, sino que también penetraba en sus corazones. Los ayudó a amar y llevar a cabo esta sagrada práctica con tanto fervor como indiferencia habían sentido antes hacia ella. Su ejemplo sirvió verdaderamente mejor que sus palabras. Uno solo tenía que mirar al Hermano Lawrence para desear habitar en la presencia de Dios como él, sin importar cuán ajetreado pudiera estar.

El Hermano Lawrence decía que la práctica de la presencia de Dios es el modo más fácil y más corto para obtener la perfección cristiana y ser protegido del pecado.

Incluso cuando estaba muy ocupado en la cocina, era evidente que el espíritu del hermano estaba habitando en Dios. A menudo realizaba el trabajo que normalmente hacían dos personas, pero nunca parecía estar agitado y afanado. En cambio, le daba a cada tarea el tiempo que requería, preservando siempre su actitud modesta y tranquila, trabajando ni tan lento ni tan rápido, permaneciendo en calma en su alma y en una paz inalterable.

En su unión cercana e íntima con el Señor, las pasiones de nuestro hermano se calmaron tanto, que en pocas ocasiones podía sentirlas ya. Desarrolló una disposición amable, sinceridad completa y el corazón más caritativo del mundo. Su rostro sereno, su actitud misericordiosa y afable, sus maneras sencillas y modestas le hicieron ganarse de inmediato la estima y la buena voluntad de todo aquel que lo miraba. Mientras más familiarizados estaban con él, más conscientes eran de cuán profundamente recto y reverente era él.

A pesar de su vida sencilla y común en el monasterio, no fingía ser austero o melancólico, lo cual solamente sirve para repeler a las personas. Por el contrario, fraternizaba con todo el mundo y trataba a sus hermanos como amigos, sin intentar ser distinguido entre ellos. Nunca dio por hechas las gracias de Dios y nunca hizo muestra de sus virtudes con el fin de ganar estima, intentando en cambio llevar una vida anónima. Aunque indudablemente era un hombre humilde, nunca buscó la gloria de la humildad sino solamente su realidad. No quería que nadie excepto Dios fuera testigo de lo que él hacía, pues la única recompensa que esperaba era Dios mismo.

Aunque era reservado por naturaleza, no tenía ninguna dificultad para comunicar sus pensamientos para la edificación de sus hermanos. Sin embargo, se observaba que favorecía a quienes eran más sencillos y menos sofisticados en su caminar con Cristo que los más iluminados. Cuando encontraba a tales cristianos, compartía con ellos todo lo que sabía. Con una sencillez maravillosa, el Hermano Lawrence les daba a conocer los más claros secretos de la vida espiritual y los tesoros de la sabiduría divina. La dulzura que acompañaba sus palabras inspiraba tanto a quienes lo escuchaban, que se alejaban llenos del amor de Dios, prendidos con el deseo de poner en práctica las grandes verdades que él les había enseñado.

Como Dios dirigía al Hermano Lawrence más por el amor que por el temor a su juicio, su conversación tenía tendencia a inspirar la misma clase de amor. Alentaba a otros cristianos a confiar en que el amor de Dios los guiara en sus vidas espirituales, en lugar del conocimiento de hombres doctos. Solía decir a sus hermanos: "Es el Creador quien enseña la verdad, quien en un momento instruye el corazón del humilde y le hace entender más sobre los misterios de nuestra fe e incluso acerca de sí mismo que si los hubiera estudiado durante muchos años".

Por ese motivo, evitaba con cuidado responder esas preguntas curiosas que no conducían a ningún lugar y que solo servían para cargar el espíritu y secar el corazón. Sin embargo, cuando sus superiores requerían de él que declarara sus pensamientos sobre las preguntas difíciles que se proponían en conferencias, sus respuestas eran siempre tan claras y concisas que no necesitaban ningún comentario adicional. Esta notable capacidad fue observada por muchos hombres doctos. Un ilustre obispo de Francia, que había tenido varias entrevistas con él, dijo que Dios hablaba directamente al Hermano Lawrence, revelándole sus misterios divinos a causa de la grandeza y la pureza de su amor por Él.

Al Hermano Lawrence le gustaba buscar a Dios en las cosas que Él había creado. Su alma, movida por la grandeza y la diversidad de las creaciones de Dios, llegó a unirse a Él con tanta fuerza, que nada podía separarlo de Él. Observaba en cada una de las maravillas de la creación la sabiduría de Dios, su bondad, y las diferentes características de su poder. Su espíritu se llenaba tanto en esos momentos de admiración, que clamaba con amor y alegría: "Oh, Señor Dios, cuán incomprensible eres en tus pensamientos, cuán profundo en tus diseños y cuán poderoso en todos tus actos".

El caminar cristiano del Hermano Lawrence comenzó con ese entendimiento profundo del poder y la sabiduría de Dios. Este conocimiento se convirtió en la semilla de toda su excelencia. Al inicio, la fe era la única luz que él usaba para llegar a conocer a Dios. A medida que maduraba, no permitía que nada excepto la fe lo guiara en todos los caminos de Dios. Con frecuencia decía que todo lo que oía, todo lo que encontraba escrito en libros, e incluso todo lo que él mismo escribía parecía palidecer en comparación con lo que la fe le revelaba de la gloria de Dios el Padre y de Jesucristo. Me expresó eso a mí con las siguientes palabras:

"Solo Dios es capaz de darse a conocer como Él es en realidad; nosotros buscamos en el razonamiento y en las ciencias, como en una copia mala, lo que descuidamos ver en un original excelente. Dios mismo se dibuja en las profundidades de nuestra alma. Debemos avivar nuestra fe y elevarnos a nosotros mismos por medio de esa fe por encima de todos nuestros sentimientos, para adorar a Dios el Padre y a Jesucristo en todas sus perfecciones divinas. Este camino de fe es la mente de la Iglesia, y basta para llegar a la perfección elevada".

La principal virtud del Hermano Lawrence era su fe. Igual que el justo vive por la fe, así también la fe era la vida y el alimento de su alma. Su vida espiritual progresó visiblemente debido al modo en que su fe avivaba su alma. Esa gran fe lo condujo a Dios, elevándolo por encima del mundo, el cual llegó a ser despreciable ante sus ojos. Como resultado, buscó la felicidad solamente en Dios.

La fe era su mayor maestro. Era la fe lo que le daba una gran estima por Jesucristo, el Hijo de Dios que reside como Rey. Estaba tan entregado a Jesús, que pasaba muchas horas, día y noche, a sus pies para rendirle homenaje y adoración.

Esta misma fe le daba un profundo respeto y amor por la Palabra de Dios. Nuestro hermano creía que los libros incluso de las academias más famosas enseñaban muy poco en comparación con el gran Libro de Dios. Con tal convicción creía la verdad que enseña la fe, que con frecuencia solía decir que nada de lo que pudiera leer o escuchar en el mundo acerca de Dios podía satisfacerlo. Lawrence declaró: "Como la perfección de Dios es infinita, por consiguiente, Él es indescriptible; ninguna palabra del hombre es lo bastante elocuente para dar una descripción completa de su grandeza. Solo la fe es lo que me hace conocerlo tal como Él es. Por medio de ella aprendo más sobre Él en poco tiempo que lo que aprendería en muchos años en las escuelas".

La fe le daba al Hermano Lawrence una esperanza firme en la bondad de Dios, confianza en su providencia, y la capacidad de abandonarse por completo en las manos de Dios. Nunca le preocupaba lo que podría ser de él; en cambio, se entregaba en manos de la misericordia infinita. Mientras más desesperadas le parecían las cosas, más esperaba, como una roca golpeada por las olas del mar y sin embargo agarrándose con más firmeza en medio de la tempestad. Por eso decía que la mayor gloria que alguien puede dar a Dios es no confiar nada en las propias fuerzas, confiando por completo en la protección de Dios. Esto constituye un reconocimiento sincero de la debilidad propia y una verdadera confesión de la omnipotencia del Creador.

El Hermano Lawrence no veía otra cosa sino el plan de Dios en todo lo que le ocurría. Como amaba tanto la voluntad de Dios era capaz de llevar su propia voluntad a la sumisión completa a ella. Eso le mantenía en continua paz. Incluso cuando le hablaban de alguna gran maldad en el mundo, simplemente elevaba su corazón a Dios, confiando en que Él haría que obrara para bien del orden general. Incluso cuando le preguntaron qué respondería si Dios le diera la opción de vivir o morir e ir de inmediato al cielo, el Hermano Lawrence dijo que le dejaría esa decisión a Dios, porque él no tenía nada más que hacer sino esperar hasta que Dios le mostrara su voluntad.

La unión natural con el país de nacimiento que llevan las personas en su corazón incluso a los lugares más sagrados no le preocupaba. Era igualmente querido por quienes tenían inclinaciones diferentes. Él deseaba el bien en general, sin considerar a las personas por quienes o para quienes se hacía. Él era ciudadano del cielo, y no le preocupaban las cosas de la tierra. Sus perspectivas no estaban limitadas por el tiempo, porque no contemplaba otra cosa sino al Eterno, y se había vuelto eterno como Él.

El amor de Dios reinaba tan completamente en el corazón del Hermano Lawrence, que dirigía todos sus afectos hacia su Amado divino. La fe lo hacía considerar a Dios la verdad absoluta; la esperanza le hacía pensar en Él como felicidad completa; y el amor hacía que lo concibiera como el más perfecto de todos los seres, como la perfección misma.

Todo era lo mismo para él: cada lugar y cada trabajo. El buen hermano encontraba a Dios en todo lugar, ya fuera reparando calzado o mientras oraba con la comunidad. No tenía ninguna prisa por ir a retiros porque encontraba al mismo Dios al que amar y adorar en su trabajo ordinario, como en las profundidades del desierto.

El único medio que tenía el Hermano Lawrence para acudir a Dios era hacerlo todo por amor a Él; por lo tanto, le era indiferente qué tarea realizara. Lo único que le importaba era hacerlo para Dios. Era Él, y no la actividad, lo que consideraba. Sabía que, mientras más se opusiera lo que hacía a su inclinación natural, mayor era el mérito de su amor al ofrecerlo a Dios. Sabía que la pequeñez de la obra no disminuiría el valor de su ofrenda, porque Dios (que no necesita nada) tiene en cuenta en nuestras obras solamente el amor que las acompaña.

Otra característica del Hermano Lawrence era una firmeza extraordinaria, la cual en otro caminar en la vida habría sido considerada intrepidez. Revelaba un alma magnánima, elevada por encima del temor y de la esperanza de todo lo que no era Dios. No codiciaba nada; nada lo asombraba; no tenía temor a nada. Esta estabilidad de su alma llegaba del mismo origen que todas sus otras virtudes. Él tenía un concepto exaltado de Dios que lo hacía pensar de Él como Justicia soberana y Bondad infinita. Tenía la seguridad de que Dios no lo engañaría y que solamente le haría bien, porque estaba decidido a no desagradarlo nunca y hacer todo lo posible motivado por el amor por Él.

Lejos de amar a Dios a cambio de sus beneficios, lo habría amado incluso si no hubiera habido castigo que evitar o cualquier recompensa que obtener. Solamente deseaba la gloria de Dios y llevar a cabo su sagrada voluntad. Esto era evidente especialmente en su enfermedad final, en la cual, incluso hasta su último suspiro, su espíritu era tan libre que expresaba los mismos sentimientos, como si tuviera una salud perfecta.

La pureza de su amor era tan grande que deseaba, si era posible, que Dios no pudiera ver lo que él hacía en su servicio. Era así para poder actuar únicamente para la gloria de Dios y sin interés propio. Sin embargo, Dios no permitía que pasara nada sin recompensar a nuestro hermano al ciento por uno, y con frecuencia causaba que sintiera deleites y sensaciones de su divinidad que eran abrumadoras. Entonces, él clamaba a Dios: "¡Es demasiado, Señor! Es demasiado para mí.

"Si te agrada, otorga estos tipos de favores y consuelos a pecadores y a personas que no te conocen, con el fin de atraerlas a tu servicio. En cuanto a mí, que tengo la felicidad de conocerte por fe, creo que eso debe ser suficiente. Aun así, porque no debería negar nada que provenga de una mano tan rica y generosa como la tuya, acepto, Dios mío, los favores que tú me concedes. Sin embargo, permíteme, si te agrada, que tras haberlos recibido pueda devolverlos igual que tú me los entregaste; porque tú sabes muy bien que no son tus dones lo que busco y deseo, sino a ti mismo, y puedo estar contento sin nada más que eso".

Estos tiempos de oración prendían su corazón todavía más con amor, y no siempre era capaz de contener los efectos de eso. Con frecuencia lo veían, en contra de su voluntad, con una expresión bastante radiante.

Lamentando los años antes de habitar en el amor de Dios, el Hermano Lawrence hablaba de eso a sus hermanos y compañeros: "¡Oh Bondad, tan antigua y tan nueva, te he amado demasiado tarde!

"No actúen de este modo, hermanos míos. Ustedes son jóvenes; benefíciense de la confesión sincera que les hago del poco cuidado que tuve para consagrar a Dios mis primeros años. Consagren todos sus años a su amor; porque, en cuanto a mí, si lo hubiera sabido antes, y si alguien me hubiera dicho las cosas que yo les estoy diciendo ahora, no habría esperado tanto tiempo para amarlo a Él. Créanme, y cuenten como pérdida todo el tiempo que no se emplee en amar a Dios".

Ya que amar a Dios y amar al prójimo son en realidad lo mismo, el Hermano Lawrence consideraba a quienes lo rodeaban con el mismo afecto que sentía por el Señor. Creía que eso era lo que Cristo expresó en el evangelio: que todo lo que hiciera incluso por el más humilde de sus hermanos sería contado como que fue hecho por Jesús. Tenía particular cuidado en servir a sus hermanos a pesar de lo que estuviera haciendo, y en especial cuando estaba trabajando en la cocina. Allí los trataba como si fueran ángeles, una caridad que inspiró en todos aquellos que lo sucedieron.

Ayudaba a los pobres en sus necesidades en todo lo que pudiera. Los consolaba cuando tenían problemas, ofreciéndoles sus consejos. Para resumirlo en pocas palabras, hacía todo el bien que podía por su prójimo e intentaba no hacer daño nunca a nadie. Hacía todo lo posible para ganar a hombres para Dios.

La muerte no asustaba al Hermano Lawrence en lo más mínimo. En su lecho de muerte, mostraba señales de una estabilidad, una resignación, y una alegría que eran bastante extraordinarias. Su esperanza se hizo más firme y su amor más ardiente. Si había amado a Dios profundamente durante su vida, no lo amó menos ante la muerte. La virtud que estimaba por encima de todas las demás (la fe) se volvió particularmente enérgica, penetrando en él con su grandeza e iluminándolo con su brillo.

Se le otorgó un tiempo a solas para reflexionar en la gran gracia que Dios le había concedido durante su vida. Cuando le preguntaron cómo empleó ese tiempo, él respondió que había estado haciendo lo que haría por toda la eternidad: "Bendecir a Dios, alabar a Dios, adorarlo, y amarlo con todo mi corazón. Ese es nuestro propósito, hermanos, adorar a Dios y amarlo sin preocuparnos acerca del resto".

Al día siguiente, el 12 de febrero de 1691, sin ninguna agonía y sin la pérdida de ninguno de sus sentidos, el Hermano Lawrence de la Resurrección murió en el abrazo del Señor. A los ochenta años de edad volvió a entregar su alma a Dios con la paz y la tranquilidad de una persona que se queda dormida. Su muerte fue como un suave sueño que lo ayudó a pasar de esta vida a otra más bendita.

Es fácil llegar a la conclusión de que la muerte del Hermano Lawrence fue preciosa ante los ojos del Señor, que fue seguida muy rápidamente por su recompensa, y que ahora está disfrutando de la gloria. Además, sabemos que su fe ha sido recompensada con una visión clara, sus esperanzas con posesión, y su caridad con un amor consumado.